KB124233

나의 하루는 내가 만든다

니체, 쇼펜하우어, 그라시안, 에머슨 등
위인들의 격언 필사책

나의 하루는 내가 만든다

ⓒ 박유녕, 2024

인쇄일 2024년 8월 13일
발행일 2024년 8월 23일

지은이 박유녕

펴낸곳 소용
펴낸이 박지혜
디자인 김진희

등록번호 제2023-000121호
전화 070-4533-7043 **팩스** 0504-430-0692
이메일 soyongbooks@naver.com

ISBN 979-11-987114-2-7 (03190)

나의 하루는
내가 만든다

박유녕 지음

니체, 쇼펜하우어, 그라시안, 에머슨 등 위인들의 격언 필사책

소옹

나를 바꾸는 100일의 시간

우리는 살다 보면 수많은 감정에 휩싸입니다. 어떨 때는 화가 나고, 어떨 때는 기쁘고, 어떨 때는 슬프고, 어떨 때는 우울합니다. 때론 '내가 왜 이런 감정을 느낄까? 괴롭다' 또는 '불필요하다'라고 여겨지기도 합니다. 그만큼 우리는 마음의 동요에 휩싸이기 쉬운 존재입니다. 그런데 살다 보니 이러한 기분은 대부분 내가 어떻게 생각하는지에 따라 달라지기도 합니다.

저는 한때, 제게 닥친 시련 때문에 삶을 포기하고 싶다고 생각한 때가 있었습니다. 뜬눈으로 밤을 지새우다 출근하고 정신을 잃고 쓰러지기도 했지요. 괴로운 날이었지만 남에게 들키지 않기 위해 가면을 썼습니다. 사람과 세상에 배

신당했다고 생각하며 날마다 비관적으로 살았습니다. 나를 괴롭게 하는 상대에게서 빠져나오기는커녕 더욱 몰입하며 스스로를 괴롭혔습니다.

그러다 어느 날, 책을 읽다가 이런 문구를 발견했습니다.

"우리가 어디를 가든, 무엇을 하든, 우리의 연구 대상은 바로 자기 자신이다."

미국의 사상가 랄프 왈도 에머슨의 말입니다. 제가 느꼈던 괴로움은 내가 아닌 남에게 집중했기 때문이었고, 나에게 집중하니 상대를 향한 미움도 부질없는 일이 되었습니다. 상대에게 신경 쓰고 힘 쏟는 일이 아깝게 느껴졌습니다. 그 뒤로 저는 오롯이 '나를 위해 살기'로 다짐했지요. 그렇게 생각을 바꾸고 회복하는 일에 전념을 다했습니다.

어쩌면 세상만사는 마음먹기에 달린 것일지도 모릅니다. 속 좁은 마음으로 다른 사람을 보면 그 사람이 작게 느껴지고, 너른 마음으로 다른 사람을 보면 그 사람이 넓게 느껴집니다. 내가 만든 틀 안에서 사람들은 정의되고 만들어집니다.

내 인생의 중심이 '나'이기 때문에 그렇습니다. 나라는 존재는 우주만큼이나 소중합니다. 나를 긍정하고 사랑하면 내면이 단단해지고, 인간관계도 한결 수월해집니다. 내가 사람을, 사물을 어떻게 보느냐에 따라 나에게 다가오는 삶은 변화무쌍합니다. 그렇기에 내 생각을 다스리는 일은 곧 '나라는 우주'를 다스리는 일이고, 더 나은 사람으로 이 세상을 행복하게 살아가기 위해 꼭 필요한 기술입니다.

여기에 모아놓은 100개의 격언은, 이미 세상에 훌륭한 업적을 남긴 사람들이 한 말입니다. 그들이 세상을 향해, 어떻게 행동했고, 어떤 생각을 가졌는지 살펴볼 수 있습니다. 어떤 말은 다소 평범해 보이지만 그 말을 누가 했는지에 따라, 평범했던 말은 다시 위대해 보입니다.

가령, 이런 말이 있습니다.

"우리는 우리의 생각보다 훨씬 더 많이 견딜 수 있다."

이 말을 처음 들었을 때는 '견딜 수 없는 상황도 있지 않나?'라는 생각이 들었지요. 하지만 누가 한 말인지 알고 나

나의 하루는 내가 만든다

서는 이 말이 위대해졌습니다. 누구의 말일까요? 여섯 살 때 소아마비를 앓고, 열여덟 살 때 교통사고를 당했으며, 남편이 외도해서 평생 마음까지 아팠던 멕시코 화가 프리다 칼로의 말입니다. 살아 있는 것만으로도 기적이었던 그녀는 그림을 그려 세계적인 화가가 되었지요. 척추가 무너져 일어나지 못했을 때도 누워서 그림을 그렸다고 합니다. 프리다 칼로는 자신이 생각한 것보다 훨씬 더 많이 견디고 많은 업적을 이루어냈지요. 그럼, 이 말은 누가 했을까요?

"우리는 인내심을 가져야 하며, 무엇보다 자신을 믿어야 한다. 우리는 무언가를 할 수 있는 재능을 타고났으며, 이 재능은 어떤 값을 치르더라도 반드시 살려야 한다."

여성 과학자 마리 퀴리가 한 말입니다. 그녀는 당시에 과학계에서 차별을 받으면서도 자신의 재능을 떨치기 위해 부단히 노력했습니다. 결국 유명한 과학자가 되었지요.

알베르트 아인슈타인은 "질문하기를 멈추지 않는 것이 중요하다. 호기심에는 그만한 이유가 있다"라고 말했습니다. 그의 호기심은 과학계의 엄청난 발전을 가져왔지요.

자신의 삶을 기적으로 만든 위인들의 말을 하나씩 곱씹으면 나의 마음에도 어떤 파동이 생깁니다. 오늘 하루를 어떻게 살아내야 할지 생각하게 합니다. 그들의 말을 하루에 하나씩 되새기며, 나를 다잡고 더 나은 하루를, 더 나은 인생을 위해 투자하는 시간을 가져보면 어떨까요?

　　뇌가 변하는 데 약 100일의 시간이 걸린다고 합니다. 손으로 쓰면 그 효과가 더 빛을 발한다고 하지요. 100일 동안 우리는 위인들의 위대한 생각이 담긴 말과 그림을 흡수하면서 그것을 내것으로 만들고 습관화하면 좋겠습니다. 그리고 안녕(安寧)하게 일상을 살아가기를 바랍니다.

박유녕

1부 "내 삶의 주인으로 살아가려면"

_나를 단단하게 하는 말

2부 "생각이 행동이 된다"

_더 나은 나를 꿈꾸는 순간

3부 "된다, 된다 잘 된다"

_긍정이 스며드는 기적

1부

"내 삶의 주인으로 살아가려면"

_ 나를 단단하게 하는 말

Day 1

요한 볼프강 폰 괴테의 말

때로 우리의 운명은 겨울철 과일나무와 같을 때가 있다. 그 나뭇가지에 다시 푸른 잎이 나고 꽃이 필 것 같지 않아도, 우리는 그렇게 되기를 마음속으로 소망한다. 또 그렇게 된다고 믿는다.

Sometimes our fate resembles a fruit tree in winter. Who would not think that those branches would turn green again and blossom, but we hope it. We know it.

나의 하루는 내가 만든다

〈비 내린 후 아르장퇴유〉 귀스타브 카유보트

Day 2

바뤼흐 스피노자의 말

당신이 무언가 할 수 없다고 생각하면, 실상은 그것을 하지 않겠다고 마음먹는 것이다. 따라서 그것은 이루어 지지 않는다.

While you think you cannot do it, you are actually deciding not to. Therefore, it will not be accomplished.

나의 하루는 내가 만든다

앙리 루소, 〈용맹스러운 사냥꾼〉

Day 3

라파엘로 산치오의 말

현명해지기 위해서는 사리에 맞게 질문하고, 주의 깊게 듣고, 차분하게 대답하라. 그리고 더 할 말이 없을 때는 침묵을 지켜라.

To be wise, ask questions appropriately, listen carefully, respond calmly. And when you have no more to say, remain silent.

나의 하루는 내가 만든다

렘브란트, 〈젊은 학자와 그의 가정교사〉

Day 4

마크 트웨인의 말

자신을 힘 나게 만드는 가장 좋은 방법은 다른 사람이 힘 나도록 만드는 것이다.

The best way to cheer yourself up is to try to cheer somebody else up.

나의 하루는 내가 만든다

Day 5

에이브러햄 링컨의 말

사람들은 대부분 자신이 행복하고 싶다고 마음먹은 만큼 행복해진다.

Most folks are about as happy as they make up their minds to be.

나의 하루는 내가 만든다

호아킨 소로야, 〈바닷가 산책〉

Day 6

아르투어 쇼펜하우어의 말

우리는 남을 닮기 위해 인생의 4분의 3을 쓰고 있지는 않는가.

We forfeit three-fourths of ourselves in order to be like other people.

나의 하루는 내가 만든다

로렌스 알마 타데마, 〈봄 축제〉

화이트 엘크의 말

당신이 태어났을 때 당신은 울고, 세상은 기뻐했다. 당신이 이 세상을 떠날 때 세상은 울고 당신은 웃을 수 있는 인생을 살아야 한다.

When you were born, you cried and the world rejoiced: live your life so that when you die, the world cries and you rejoice.

윌리엄 터너, 〈스톤헨지〉

Day 8

발타자르 그라시안의 말

사랑의 본질을 하찮게 생각하는 사람은 바로 그 수준에
걸맞은 사랑만 받을 수 있다.

Those who consider the essence of love to be trivial can
only receive love of that level.

나의 하루는 내가 만든다

로렌스 알마 타데마, 〈글라우쿠스와 니디아〉

Day 9

이탈리아 속담

질문은 급하게 받는다고 해도 대답은 천천히 하라.

To a quick question, give a slow answer.

나의 하루는 내가 만든다

프리드리히 니체의 말

아침에 일어날 때 가장 먼저 '오늘 한 사람에게만이라도 기쁨을 주어야겠다'라는 생각으로 하루를 시작하라.

When you wake up in the morning, start your day with the thought, "Today, I will bring joy to at least one person."

나의 하루는 내가 만든다

Day 11

안네 프랑크의 말

두렵고 외롭고 불행한 사람들에게 가장 좋은 치유법은 밖으로 나가, 하늘과 자연 그리고 신과 함께 조용히 혼자만의 시간을 보내는 것이다.

The best remedy for those who are afraid, lonely or unhappy is to go outside, somewhere where they can be quiet, alone with the heavens, nature and God.

윌리엄 터너, 〈웨이스트워터〉

Day 12

레오나르도 다빈치의 말

쇠는 사용하지 않으면 녹슬고 물은 썩거나 추위에 얼어
붙는다. 재능도 사용하지 않으면 녹슨다.

Just as iron rusts from disuse and water stagnates or
freezes in the cold, talent rusts if not used.

나의 하루는 내가 만든다

폴 고갱, 〈첼로 연주자 슈네클루드〉

Day 13

윌리엄 제임스의 말

사람은 자신 안의 태도를 바꿈으로써 그 사람의 바깥도
바꿀 수 있다.

Human beings, by changing the inner attitudes of their
minds, can change the outer aspects of their lives.

로렌스 알마 타데마, 〈지켜보기, 기다리기〉

세네카의 말

가난한 사람은 가진 것이 적은 사람이 아니라, 더 많은 것을 갈망하는 사람이다.

It is not the man who has too little, but the man who craves more, that is poor.

Day 15

조엘 오스틴의 말

인생은 저절로 흘러가는 것이 아니라 생각한 대로 흘러
간다. 모든 것은 당신의 마음가짐에 달려 있다. 당신은
생각하는 대로 살아간다. 생각하지 않고 살아가면 살아
가는 대로 생각한다.

Life does not turn out the way it will, but the way you
think it will. Everything is determined by your mindset.
You live the way you think. If you do not think and live,
you live as you think.

나의 하루는 내가 만든다

요하네스 페르메이르 〈졸고 하녀〉

Day 16

벤저민 디즈레일리의 말

슬픔은 잠깐 동안 고통스럽지만, 비탄에 빠져드는 것은
일생일대의 실수다.

Grief is the agony of an instant, the indulgence of grief
the blunder of life.

조지 프레데릭 왓츠, 〈희망〉

Day 17

무하마드 알리의 말

50세에 세상을 보는 눈이 20세와 똑같다면 30년이라는 시간을 낭비한 셈이다.

The man who views the world at fifty the same as he did at twenty has wasted thirty years of his life.

나의 하루는 내가 만든다

존 에버렛 밀레이, 〈눈이 안 보이는 소녀〉

Day
18

볼테르의 말

일은 세 가지 큰 악을 몰아낸다. 권태로움, 타락함 그리고 가난이다.

Work banished those three great evils: boredom, vice, and poverty.

나의 하루는 내가 만든다

오귀스트 르누아르, 〈바느질하는 리즈〉

. . . .

. . . .

. . . .

. . . .

. . . .

. . . .

루이 라무르의 말

두려움을 느낌으로써 죽음을 피할 수도 있고, 종종 그를 전사로 만들기도 한다.

Being scared can keep a man from getting killed, and often makes a better fighter out of him.

나의 하루는 내가 만든다

로렌스 알마 타데마, 〈전망대〉

Day 20

토마스 사즈의 말

지루함은 모든 일이 시간낭비라고 느끼는 마음이다. 평온함은 그 어느 일도 시간낭비가 아니라고 느끼는 마음이다.

Boredom is the feeling that everything is a waste of time; serenity, that nothing is.

나의 하루는 내가 만든다

함메르쇼이, 〈스트란드게이드의 실내, 바닥에 비치는 햇빛〉

Day

21

버지니아 울프의 말

자신에 대해 솔직하게 이야기하지 않는 사람은 다른 사 람에 대해서도 솔직하게 이야기할 수 없다.

If you do not tell the truth about yourself, you connot tell it about other people.

나의 하루는 내가 만든다

Nos âmes, en des gestes lents

모리스 드니, 〈우리의 영혼은 느린 몸짓으로〉

Day 22

시몬 베유의 말

모든 죄는 마음속의 공허함을 채우려는 시도에서 비롯된다.

All sins are attempts to fill voids.

나의 하루는 내가 만든다

앙리 루소, 〈잠자는 집시〉

Day 23

칼 구스타프 융의 말

다른 사람에게서 거슬리는 점이 무엇인지 살펴보면 나 자신을 이해하는 데 도움이 될 수 있다.

Everything that irritates us about others can lead us to an understanding of ourselves.

나의 하루는 내가 만든다

로렌스 알마 타데마, 〈호머 작품을 읽다〉

Day
24

라 브뤼예르의 말

중요한 문제는 충분히 간단하게 표현할 수 있다. 과장함으로써 오히려 그 가치를 잃는다.

Important matters can be expressed simply. By exaggerating, their value is lost.

나의 하루는 내가 만든다

Day
25

E.E. 커밍스의 말

가장 쓸모없는 하루를 보낸 날은 웃음 없이 보낸 날이다.

The most wasted of all days is one without laughter.

나의 하루는 내가 만든다

빈센트 반 고흐, 〈아이리스〉

Day 26

다그 함마슐드의 말

당신 안의 목소리를 충실히 들을수록, 바깥의 소리를 더
잘 들을 수 있다.

The more faithfully you listen to the voices within you,
the better you will hear what is sounding outside.

나의 하루는 내가 만든다

에드먼드 찰스 타벨, 〈뜨개질하는 조세핀〉

Day
27

볼테르의 말

우리는 모두 약점과 오류로 가득 차 있다. 서로의 못난 점을 용서하자. 이것이 자연의 첫 번째 법칙이다.

We are all full of weakness and errors; let us mutually pardon each other our follies; it is the first law of nature.

나의 하루는 내가 만든다

메리 카사트, 〈아이 목욕〉

Day 28

낸시 애스터의 말

이 세상에서 주요한 위험은 모든 것을 바꾸려 하거나 아무것도 바꾸려 하지 않는 사람들이다.

The main dangers in this life are the people who want to change everything or nothing.

Day 29

랄프 왈도 에머슨의 말

나 자신에 대한 자신감을 잃으면, 온 우주가 나의 적이
된다.

If I have lost confidence in myself, I have the universe
against me.

나의 하루는 내가 만든다

Day 30

마리 폰 에브너 에셴바흐의 말

우리는 젊을 때 배우고, 나이가 들어서 이해한다.

We learn when we are young, and we understand when
we are older.

나의 하루는 내가 만든다

오귀스트 르누아르, 〈조르주 샤르팡티에 부인〉

Day
31

새뮤얼 존슨의 말

외부의 영향에 휘둘리고 싶지 않다면 먼저 자기 내면의
격렬한 감정부터 초월해야 한다.

He that would be superior to external influences must
first become superior to his own passions.

나의 하루는 내가 만든다

귀스타브 쿠르베, 〈말을 탄 사나이〉

Day
32

아리스토텔레스의 말

불행은 진정한 친구가 아닌 사람들을 드러나게 한다.

Misfortune reveals those who are not true friends.

나의 하루는 내가 만든다

귀스타브 쿠르베, 〈파도〉

Day 33

탈무드의 말

세상에서 가장 지혜로운 사람은 배우는 사람이고, 세상에서 가장 행복한 사람은 감사하는 사람이다.

The wisest person in the world is the one who learns, and the happiest person is the one who is grateful.

나의 하루는 내가 만든다

반 고흐, 〈성경과 정물화〉

....

....

....

....

....

....

....

Day 1 ~ Day 33까지 어떤 변화가 있었나요?
내 마음을 가장 움직였던 명언을 써보세요.

....

....

....

....

....

....

....

....

....

....

나의 하루는 내가 만든다

스스로에게 어떤 말을 해주고 싶나요?

내 생각을 녹인 나만의 명언을 만들어보세요.

2부

"생각이 행동이 된다"

_ 더 나은 나를 꿈꾸는 순간

헬렌 켈러의 말

인격은 편안함과 고요함 속에서 발전하지 않는다. 오직 시련과 고난을 거쳐야만 영혼이 강해지고, 패기가 생기며 성공한다.

Character cannot be developed in ease and quiet. Only through experience of trial and suffering can the soul be strengthened, ambition inspired, and success achieved.

반 고흐, 〈꽃이 피어오르는 나무〉

Day
35

노만 빈센트 필의 말

생각을 바꾸면 세상이 바뀐다.

Change your thoughts and you change your world.

나의 하루는 내가 만든다

귀스타브 쿠르베, 〈격자 구조〉

Day 36

제시 잭슨의 말

눈물과 땀은 모두 짠맛이 나지만 결과는 각자 다르다. 눈물은 동정을 얻고, 땀은 변화를 가져온다.

Both tears and sweat are salty, but they render a different result. Tears will get you sympathy; sweat will get you change.

나의 하루는 내가 만든다

반 고흐, 〈가을의 포플러 가로수 길〉

Day 37

루이스 멈포드의 말

유머는 삶의 부조리함을 비웃으며 스스로를 방어하는 수단이다.

Humor is our way of defending ourselves from life's absurdities by thinking absurdly about them.

나의 하루는 내가 만든다

메리 카사트, 〈초록색 모자를 쓴 사람〉

마리 퀴리의 말

우리는 인내심을 가져야 하며, 무엇보다 자기 자신을 믿어야 한다. 우리는 무언가를 할 수 있는 재능을 타고났으며, 이 재능은 어떤 값을 치르더라도 반드시 살려야 한다.

We must have perseverance and above all confidence in ourselves. We must believe that we are gifted for something, and that this thing, at whatever cost, must be attained.

나의 하루는 내가 만든다

브리튼 리비에르, 〈카데니〉

....

....

....

....

....

....

....

Day
39

이탈리아 속담

분노는 값비싼 사치다.

Anger can be an expensive luxury.

나의 하루는 내가 만든다

앙리 루소, 〈파리 주변의 풍경〉

Day
40

시어도어 루스벨트의 말

결정을 해야 할 때, 가장 좋은 선택은 옳은 일을 선택하는 것이다. 그다음으로 좋은 선택은 잘못된 일을 선택하는 것이며, 가장 나쁜 선택은 아무것도 선택하지 않는 것이다.

In any moment of decision, the best thing you can do is the right thing. The next best thing is the wrong thing, and the worst thing you can do is nothing.

나의 하루는 내가 만든다

반 고흐, 〈고갱의 의자〉

....

....

....

....

....

....

....

Day 41

오스카 와일드의 말

사랑받는 사람들 중에서 불쌍한 사람이 있는가?

Who, being loved, is poor?

나의 하루는 내가 만든다

오귀스트 르누아르, 《꽃바구니》

Day
42

제임스 조이스의 말

실수는 발견을 향해 나아가는 문이다.

Mistakes are the portals of discovery.

나의 하루는 내가 만든다

반 고흐, 〈협죽도〉

Day
43

인디라 간디의 말

주먹을 꽉 쥔 상태에서는 악수를 나눌 수 없다.

You can't shake hands with a clenched fist.

나의 하루는 내가 만든다

Day 44

헨리 데이비드 소로의 말

열정을 잃어버린 사람만큼 나이 든 사람은 없다.

None are so old as those who have outlived enthusiasm.

나의 하루는 내가 만든다

브리튼 리비에르, 〈늙은 정원사〉

Day
45

루이 파스퇴르의 말

기회는 준비된 사람에게만 온다.

Chance favors only the prepared mind.

나의 하루는 내가 만든다

호아킨 소로야, 〈연구〉

Day 46

레오 부스칼리아의 말

세상에서 가장 되기 쉬운 사람은 바로 나 자신이다. 세상에서 가장 되기 힘든 사람은 바로 남들이 원하는 사람이 되는 것이다.

The easiest thing in the world to be is you. The most difficult thing to be is what other people want you to be.

나의 하루는 내가 만든다

앙리 르 시다네르, 〈풍경 속에서 책을 읽는 여성〉

Day
47

프랑스 속담

사랑하는 것을 손에 넣을 수 없다면, 손닿는 곳에 있는
것을 사랑하라.

When we cannot get what we love, we must love what is
within our reach.

나의 하루는 내가 만든다

오귀스트 르누아르, 〈두 자매〉

Day
48

H.G. 웰스의 말

오늘의 위기는 내일의 농담거리가 된다.

The crisis of today is the joke of tomorrow.

나의 하루는 내가 만든다

<올리브 나무들>, 빈센트 반 고흐

Day
49

릴리 톰린의 말

나는 왜 누군가 그것에 대해 아무런 조치를 취하지 않는지 늘 궁금했다. 그러다가 내가 바로 그 누군가임을 깨달았다.

I always wondered why somebody doesn't do something about that. Then I realized I was somebody.

나의 하루는 내가 만든다

오귀스트 르누아르, 〈샤투의 노 젓는 사람들〉

Day
50

헨리 데이비드 소로의 말

우리의 삶은 사소한 일 때문에 낭비된다. 단순하게, 더 단순하게 살아라.

Our life is frittered away by detail. Simplify, simplify.

나의 하루는 내가 만든다

브리튼 리비에르, 〈전쟁 시기〉

Day
51

헤르만 헤세의 말

지식은 대화하며 주고받을 수 있지만 지혜는 그러한 것
이 아니다.

Knowledge can be communicated but not wisdom.

나의 하루는 내가 만든다

바실리 칸딘스키, 〈검은 카를〉

Day 52

마야 안젤루의 말

누군가를 돌볼 마음이 생겼다면, 당신은 반드시 성공할 것이다.

If you find it in your heart to care for somebody else, you will have succeeded.

나의 하루는 내가 만든다

구스타프 클림트, 〈두 아이와 어머니〉

나기브 마푸즈의 말

어떤 사람이 똑똑한지 아닌지는 대답하는 것을 보면 알 수 있다. 어떤 사람이 지혜로운지 아닌지는 질문하는 것을 보면 알 수 있다.

You can tell whether a man is clever by his answers. You can tell whether a man is wise by his questions.

오귀스트 르누아르, 〈피크닉〉

Day
54

데일 카네기의 말

오늘 당신이 한 친절한 말을 당신은 내일 잊을 수도 있지만, 그 말을 들은 사람은 그 말을 평생 소중하게 간직할 것이다.

Perhaps you will forget tomorrow the kind words you say today, but the recipient may cherish them over a lifetime.

나의 하루는 내가 만든다

함메르스회, 〈스트란드게이드 30번지의 실내〉

Day 55

조지 알리스의 말

겸손은 삶에서 일어날 수 있는 모든 변화 가능성을 대비하기 위해 마음의 준비를 돕는 유일하고 참된 지혜다.

Humility is the only true wisdom by which we prepare our minds for all the possible changes of life.

나의 하루는 내가 만든다

폴 고갱, 〈타히티의 바다〉

Day
56

라이너 마리아 릴케의 말

유일한 여정은 내면으로의 여정이다.

The only journey is the one Within.

나의 하루는 내가 만든다

구스타프 클림트, 〈카머 성으로 가는 길〉

Day
57

아르투어 쇼펜하우어의 말

자기 안에서 행복을 찾기는 어렵지만, 다른 곳에서 행복을 찾기는 불가능하다.

It is difficult to find happiness within oneself, but it is impossible to find it anywhere else.

나의 하루는 내가 만든다

빈센트 반 고흐, 〈성 바울 병원 뒤의 밀밭과 이삭 줍는 사람〉

....

....

....

....

....

....

....

....

....

....

....

....

Day
58

몽테뉴의 말

세상에서 가장 위대한 생각은 어떻게 하면 내가 나다워
질 수 있는지를 아는 것이다.

The greatest thing in the world is to know how to belong
to oneself.

나의 하루는 내가 만든다

에드먼드 찰스 타벨 《요르크의 바람》

레프 톨스토이의 말

자유는 누군가가 우리에게 주는 것이 아니라, 오롯이 우리 스스로 얻어야 하는 것이다.

Freedom is not given to us by anyone, we have to cultivate it ourselves.

나의 하루는 내가 만든다

폴 고갱〈풍경 속의 남자〉

....

....

....

....

....

....

Day
60

가브리엘 샤넬의 말

20대에는 타고난 얼굴을 유지할 수 있지만, 50대에는 스스로 자신의 얼굴을 만들어야 한다.

Nature gives you the face you have at 20. But at 50 you get the face you deserve.

나의 하루는 내가 만든다

오귀스트 르누아르, 〈바느질하는 젊은 여자〉

Day 61

요한 볼프강 폰 괴테의 말

생각하기란 쉽고, 행동하기란 어렵다. 세상에서 가장 어려운 일은 그 생각을 행동으로 옮기는 일이다.

Thinking is easy, acting is difficult. The most difficult thing in the world is to turn a thought into action.

나의 하루는 내가 만든다

빈센트 반 고흐, 〈양귀비 밭〉

Day
62

알베르 카뮈의 말

삶을 향한 절망 없이는 삶을 향한 희망도 없다.

Without despair for life, there is no hope for life.

나의 하루는 내가 만든다

윌리엄 터너, 〈도싯셔의 라임 리지스〉

알베르트 아인슈타인의 말

인생을 살아가는 데는 두 가지 방법뿐이다. 하나는 아무 것도 기적이 아닌 듯 사는 방법이다. 다른 하나는 모든 것이 기적인 듯 살아가는 방법이다.

There are only two ways to live life. One is as though nothing is a miracle, the other is as though everything is a miracle.

나의 하루는 내가 만든다

귀스타브 쿠르베, 〈트루빌 근처의 해안 풍경〉

Day
64

앙드레 말로의 말

오랫동안 꿈을 꾸는 사람은 결국 그 꿈을 닮아간다.

Those who dream for a long time eventually resemble
their dreams.

나의 하루는 내가 만든다

귀스타브 카유보트, 〈노 젓는 사람〉

Day

65

벤자민 프랭클린의 말

사람의 기운과 끈기는 모든 것을 이겨낸다.

Energy and persistence conquer all things.

나의 하루는 내가 만든다

라울 뒤피, 〈생트아드레스의 작은 목욕객〉

Day
66

아리스토텔레스의 말

당신이 꾸준히 하는 일은 당신이 누구인지를 말해준다. 탁월함은 우연히 이루어지는 것이 아니라, 몸에 밴 습관 에 의해 달성된다.

What you do consistently speaks of who you are. Excellence is not achieved by chance but by ingrained habits.

나의 하루는 내가 만든다

윌리엄 터너, 〈금뿔 호 위의 달빛이〉

Day 34 ~ Day 66까지 어떤 변화가 있었나요?
내 마음을 가장 움직였던 명언을 써보세요.

나의 하루는 내가 만든다

스스로에게 어떤 말을 해주고 싶나요?

내 생각을 녹인 나만의 명언을 만들어보세요.

3부

"된다, 된다 잘 된다"

_긍정이 스며드는 기적

Day 67

프란시스 베이컨의 말

확신을 품고 어떤 일을 시작한 사람은 의심으로 끝을 맺지만, 의심을 품고도 그 일을 시작하는 사람은 확신으로 끝낼 것이다.

If a man will begin with certainties, he shall end in doubts, but if he will be content to begin with doubts, he shall end in certainties.

나의 하루는 내가 만든다

오귀스트 르누아르, 〈생트 빅투아르 산〉

Day
68

오비드우스의 말

기회는 언제나 강력하다. 그러니 항상 낚시 바늘을 던져
라. 기대하지 않았던 곳에서 물고기가 낚일 것이다.

Chance is always powerful. Let your hook be always cast:
in the pool, where you least expect it. there will be a fish.

나의 하루는 내가 만든다

윌리엄 터너, 〈도나티 혜성〉

Day 69

볼프강 아마데우스 모차르트의 말

나는 누구의 칭찬이나 비난에도 전혀 신경 쓰지 않는다.
나는 단지 내 자신의 느낌에 충실할 뿐이다.

I pay no attention whatever to anybody's praise or blame.
I simply follow my own feelings.

나의 하루는 내가 만든다

요하네스 페르메이르, 〈열린 창가에서 편지를 읽는 소녀〉

Day
70

마를레네 디트리히의 말

다정함은 가장 열정적인 서약보다 더 커다란 사랑의 증
거다.

Tenderness is greater proof of love than the most passionate
of vows.

나의 하루는 내가 만든다

앙리 마르탱, 〈뤽상부르크 연못을 따라 걷는 커플〉

Day 71

마하트마 간디의 말

당신의 믿음은 곧 생각이 된다. 생각은 말이 된다. 말은 행동이 된다. 행동은 습관이 된다. 습관은 가치가 된다. 가치는 운명이 된다.

Your beliefs become your thoughts. Your thoughts become your words. Your words become your actions. Your actions become your habits. Your habits become your values. Your values become your destiny.

나의 하루는 내가 만든다

앙리 루소, 〈원숭이가 있는 열대 숲〉

Day
72

어빙 벌린의 말

진부하다고 불릴 만큼 오래 지속되는 생각에는 반드시
진실의 요소가 들어 있다.

There's an element of truth in every idea that lasts long
enough to be called corny.

나의 하루는 내가 만든다

로렌스 알마 타데마, 〈협죽도〉

Day
73

어니스트 헤밍웨이의 말

항상 새벽 전에 가장 어둡듯 인생도 마찬가지다. 힘든 시간은 지나가고, 모든 것은 나아진다. 태양은 그 어느 때보다 밝게 빛날 것이다.

Night is always darker before the dawn and life is the same, the hard times will pass, everything will get better and sun will shine brighter than ever.

나의 하루는 내가 만든다

앙리 르 시다네르, 〈실내, 창문의 빛〉

Day 74

헨리 밀러의 말

모든 성장은 어둠속에서 도약한다. 경험도 없고 미리 계획도 못했지만, 무모하더라도 뛰어드는 것이야말로 성장이다.

All growth is a leap in the dark, a spontaneous, unpremeditated act without benefit of experience.

나의 하루는 내가 만든다

윈슬러 호머, 〈캐논 바위〉

Day 75

로버트 프로스트의 말

가장 좋은 탈출 방법은 언제나 통과하는 방법뿐이다.

The best way out is always through.

나의 하루는 내가 만든다

윌리엄 터너, 〈햄프턴 코트 궁전〉

Day
76

헨리 포드의 말

잘못된 점만 찾지 말고, 해결책을 찾아라.

Don't find fault, find a remedy.

나의 하루는 내가 만든다

귀스타브 쿠르베, 〈마을의 젊은 여인들〉

Day
77

토머스 에디슨의 말

나는 실패하지 않았다. 다만 작동하지 않는 쓸모없는 방법을 만 가지나 찾아냈을 뿐이다.

I have not failed. I've just found 10,000ways that won't work.

나의 하루는 내가 만든다

반 고흐, 〈몽마르트의 테라스와 전망대〉

Day
78

크리스티안 바너드의 말

사람을 고귀하게 만드는 것은 고난 자체가 아니라, 고난
을 딛고 다시 회복하는 것이다.

Suffering isn't ennobling, recovery is.

나의 하루는 내가 만든다

함메르쇠이, 〈휴식〉

Day 79

삭티 거웨인의 말

마음이 이끄는 대로 행동하고, 원하는 일을 한다면 일과
놀이의 구분이 사라진다.

When you're following your energy and doing what you
want all the time, the distinction between work and play
dissolves.

나의 하루는 내가 만든다

오귀스트 르누아르, 〈물랭 드 라 갈레트에서의 춤〉

숄럼 아시의 말

인간이 신에게 가까이 다가가는 사다리는 행동의 사다
리다.

Humankind's ladder to God is a ladder of deeds.

나의 하루는 내가 만든다

윌리엄 터너, 〈일몰의 양치기와 양떼〉

Day
81

헤니지 오길비의 말

정말로 게으른 사람은 아무 데도 나아가지 못한다. 항상 바쁘기만 한 사람도 가기는 하지만 그다지 나아가지 못한다.

The really idle man gets nowhere. The perpetually busy man does not get much further.

나의 하루는 내가 만든다

앙리 루소, 〈재규어의 공격을 받은 흑인〉

Day 82

하일레 셀라시에의 말

역사상 악이 승리했던 이유는 행동할 수 있던 사람들이 행동하지 않고, 알 만한 사람들이 무관심했으며, 가장 중요한 순간에 정의의 목소리가 침묵했기 때문이다.

Throughout history, it has been the inaction of those who could have acted, the indifference of those who should have known better, the silence of the voice of justice when it matter most, that has made it possible for evil to triumph.

나의 하루는 내가 만든다

성 아우구스티누스의 말

인내심은 지혜의 동반자다.

Patience is the companion of wisdom.

나의 하루는 내가 만든다

Day
84

제인 오스틴의 말

우리를 정의하는 것은 우리가 말하거나 생각하는 것이
아니라 우리의 행동이다.

It isn't what we say or think that defines us, but what we
do.

나의 하루는 내가 만든다

귀스타브 카유보트, 〈파리의 거리, 비 오는 날〉

Day 85

크리스토퍼 몰리의 말

큰 성공은 작은 성공을 거듭한 결과일 뿐이다.

Big shots are only little shots who keep shooting.

나의 하루는 내가 만든다

구스타브 클림트, 〈아터제 호수〉

알베르트 슈바이처의 말

성공은 행복의 열쇠가 아니다. 행복이 성공의 열쇠다. 만약 당신이 지금 하는 일을 사랑한다면 성공할 것이다.

Success is not the key to happiness. Happiness is the key to success. If you love what you are doing, you will be successful.

앙리 르 시다네르, 〈라 퀴퀴에트, 제르부아〉

Day 87

마가렛 애트우드의 말

당신이 현실을 바꿀 수는 없을지 몰라도, 태도는 바꿀 수 있다. 그리고 이것은 역설적으로, 현실을 바꾼다.

You may not be able to alter reality, but you can alter your attitude towards it, and this, paradoxically, alters reality.

나의 하루는 내가 만든다

반 고흐, 〈생레미 그처 오르탕의 두 포플러〉

Day
88

요한 볼프강 폰 괴테의 말

당신에게 요구되는 모든 것을 이뤄내려면, 당신 스스로의 가치를 실제보다 훨씬 훌륭하다고 생각해야 한다.

If you are to accomplish all that one demands of you, you must overestimate your own worth.

나의 하루는 내가 만든다

반 고흐, 〈유리 속의 아몬드 꽃〉

Day
89

윌리엄 포크너의 말

같은 세대 사람들이나 선배들보다 더 나아지려고 애쓰
지 마라. 오히려 자신보다 더 나아지려고 노력하라.

Don't bother just to be better than your contemporaries
or predecessors. Try to be better than yourself.

나의 하루는 내가 만든다

제임스 티소, 〈항구가 보이는 방〉

Day 90

오프라 윈프리의 말

당신이 원하거나 믿는 바를 말할 때마다, 그 말을 가장 먼저 듣는 사람은 당신이다. 그것은 당신과 다른 사람들에게 당신이 가능하다고 생각하는 것에 대한 메시지다. 스스로 한계를 두지 마라.

Every time you state what you want or believe, you're the first to hear it. It's a message to both you and others about what you think is possible. Don't put a ceiling on yourself.

나의 하루는 내가 만든다

앙리 르 시다네르, 〈수국〉

Day 91

베르길리우스의 말

행운은 용기를 내는 사람의 편이다.

Fortune favors the brave.

나의 하루는 내가 만든다

Day
92

부커 워싱턴의 말

성공은 인생에서 당신이 도달한 위치가 아니라 그동안
당신이 극복한 장애물이다.

Success is not the position you have reached in life, but
the obstacles you have overcome.

나의 하루는 내가 만든다

귀스타브 쿠르베, 〈바다 풍경〉

오쇼 라즈니쉬의 말

과거를 생각하지 말라. 미래를 생각하지 말라. 그저 현재에만 집중하라. 그러면 모든 과거와 미래가 당신의 것이될 것이다.

Do not think about the past. Do not think about the future. Just live in the present. Then all past and all future will be yours.

Day 94

나폴레옹의 말

충분히 깊게 생각하라. 하지만 때가 왔을 때는 대담하게
행동하라.

Think sufficiently. But when the time comes, act boldly.

나의 하루는 내가 만든다

바실리 칸딘스키, 〈말 타는 커플〉

Day
95

데니스 웨이틀리의 말

비관론자들은 모든 기회에 문제를 보고, 낙관론자들은
모든 문제에 기회를 본다.

Pessimists see the problems in every opportunity, while
optimists see the opportunities in every problem.

나의 하루는 내가 만든다

브리튼 리비에르, 〈홀로〉

Day
96

토머스 칼라일의 말

길에 돌이 나타나면, 약한 사람은 그것을 걸림돌이라고 말하고 강한 사람은 그것을 디딤돌이라고 말한다.

When a stone appears on the path, the weak call it an obstacle, while the strong call it a stepping stone.

나의 하루는 내가 만든다

폴 고갱, 〈해변의 브르타뉴 여인들〉

Day
97

탈무드의 말

이미 끝나버린 일을 후회하지 말고, 하고 싶었지만 하지 못한 일을 후회하라.

Regret not the things that are already over, but the things you wanted to do and couldn't.

나의 하루는 내가 만든다

폴 시냐크, 〈콩블라케샤토, 묵초지〉

Day
98

랄프 왈도 에머슨의 말

기회가 없다고 두려워하지 말고, 준비되지 않은 상태를
두려워하라.

Do not fear the lack of opportunity; fear being unprepared.

나의 하루는 내가 만든다

폴 시냐크 〈깃발의 항구〉

Day
99

루이 파스퇴르의 말

행운은 마음의 준비가 된 사람에게만 웃어 보인다.

Luck smiles only on those who are prepared.

나의 하루는 내가 만든다

Day
100

에픽테토스의 말

위대한 것은 갑자기 창조되지 않는다.

No great thing is created suddenly.

나의 하루는 내가 만든다

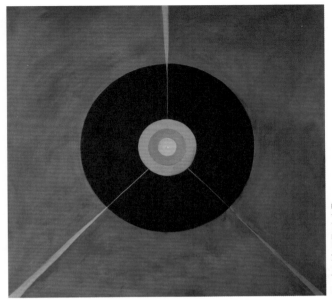

힐마 아프 클린트, 〈백조, 18번〉

🌿 나에게 들려주는 단단한 말 🌿

Day 67 ~ Day 100까지 어떤 변화가 있었나요?
내 마음을 가장 움직였던 명언을 써보세요.

....

....

....

....

스스로에게 어떤 말을 해주고 싶나요?
내 생각을 녹인 나만의 명언을 만들어보세요.

....

....

....

....

....

나의 하루는 내가 만든다